Impressum
Verlag: BABADADA GmbH, Nedderfeld 112 , 22529 Hamburg
Geschäftsführer / Verlagsleitung: Harald Hof
Druck: Books on Demand GmbH, In de Tarpen 42, 22848 Norderstedt

Imprint
Publisher: BABADADA GmbH, Nedderfeld 112 , 22529 Hamburg, Germany
Managing Director / Publishing direction: Harald Hof
Print: Books on Demand GmbH, In de Tarpen 42, 22848 Norderstedt

# okul

## مدرسه

sınıf
کلاس درس
böl
تقسیم کردن
186/2
tahta
تخته
okul bahçesi
öğretmen
معلم
kağıt
کاغذ
yazmak
نوشتن
kalem
خودکار
masa
میز تحریر
cetvel
خط کش
kitap
کتاب
öğrenci
دانش آموز

okul çantası
..................
کیف مدرسه

kalemlik
..................
جامدادی

kurşun kalem
..................
مداد

kalem açacağı
..................
تراش

silgi
..................
پاک کن

çizim defteri
..................
دفتر رسم

çizim

طراحی

resim fırçası

قلم مو

boya kutusu

جعبه ی آبرنگ

makas

قیچی

tutkal

چسب

alıştırma kitabı

کتاب تمرین

ödev

تکلیف خانه

sayı

رقم

2+2

ekle

جمع کردن

çıkar

تفریق کردن

çarp

ضرب کردن

hesapla

محاسبه کردن

harf

حرف الفبا

alfabe

الفبا

kelime

کلمه

metin

متن

okumak

خواندن

tebeşir

گچ

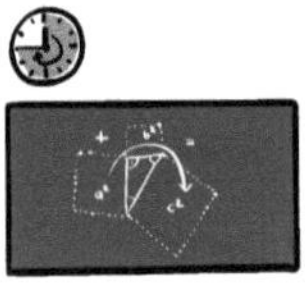

ders

درس

kayıt

ثبت نام

sınav

امتحان

sertifika

مدرک رسمی

okul forması

لباس مدرسه

eğitim

تحصیلات

ansiklopedi

دانشنامه

üniversite

دانشگاه

mikroskop

میکروسکوپ

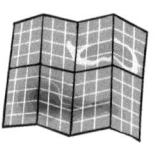

harita

نقشه

kağıt çöp kutusu

سبد کاغذ باطله

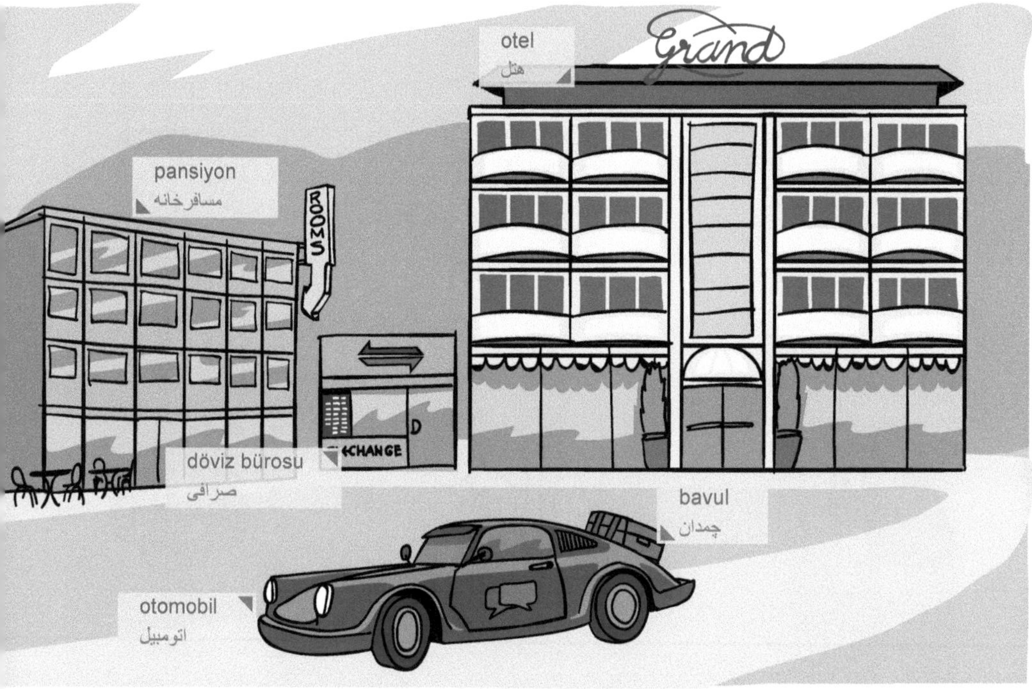

otel
هتل
Grand
pansiyon
مسافرخانه
ROOMS
döviz bürosu
صرافی
EXCHANGE
bavul
چمدان
otomobil
اتومبیل

dil
..................
زبان

evet / hayır
..................
بله / خیر

Tamam
..................
اکی

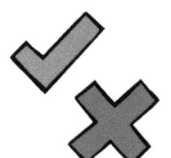

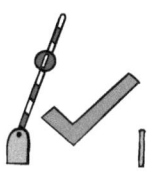

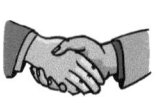

merhaba
..................
سلام

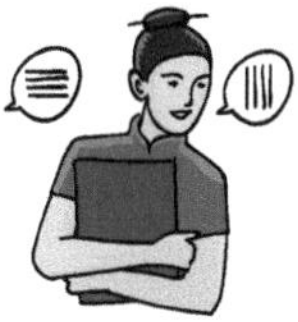

çevirmen
..................
مترجم

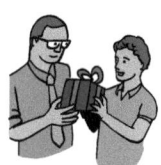

Teşekkür ederim
..................
ممنون

bu … ne kadar?

قیمت ... چه قدر است؟

anlamadım

من متوجه نمی شوم

problem

مشکل

İyi akşamlar!

عصر بخیر! / شب بخیر!

Günaydın!

صبح بخیر!

İyi geceler!

شب بخیر!

güle güle

خدانگهدار

yön

جهت

bagaj

بار سفر

çanta

کیف

sırt çantası

کوله پشتی

misafir

مهمان

oda

اتاق

uyku tulumu

کیسه خواب

çadır

خیمه

**turist danışma**

مرکز راهنمای گردشگران

**sahil**

ساحل

**kredi kartı**

کارت اعتباری

**kahvaltı**

صبحانه

**öğle yemeği**

نهار

**akşam yemeği**

شام

**Bilet**

بلیط

**asansör**

آسانسور

**pul**

مهر

**sınır**

مرز

**gümrük**

گمرک

**elçilik**

سفارتخانه

**vize**

ویزا

**pasaport**

گذرنامه

# ulaşım
# حمل و نقل

uçak
هواپیما
gemi
کشتی
yangın söndürme pompası
ماشین آتش نشانی
otobüs
اتوبوس
kamyon
کامیون
motorlu tekne
قایق موتوری
bisiklet
دوچرخه
otomobil
اتومبیل

feribot

کشتی مسافربری

bot

قایق

motosiklet

موتورسیکلت

polis arabası

ماشین پلیس

yarış arabası

ماشین مسابقه

kiralık araba

ماشین کرایه ای

ortak araba

به اشتراک گذاری اتوموبیل

çekici

جرثقیل

çöp kamyonu

ماشین حمل زباله

motor

موتور

yakıt

بنزین

benzinlik

پمپ بنزین

trafik işareti

تابلو راهنمایی و رانندگی

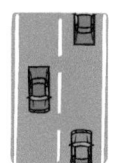

trafik

عبور و مرور

trafik sıkışıklığı

ترافیک

otopark

پارکینگ

tren istasyonu

ایستگاه قطار

ray

ریل راه آهن

tren

قطار

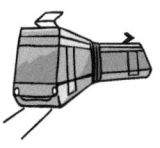

tramvay

قطار برقی

vagon

واگن

helikopter

هلیکوپتر

havaalanı

فرودگاه

kule

برج

yolcu

مسافر

konteyner

کانتینر

koli

کارتن

yük arabası

گاری

sepet

سبد

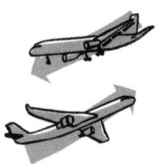

kalkış / iniş

به پرواز درآمدن / فرود آمدن

## şehir

شهر

köy

دهکده

şehir merkezi

مرکز شهر

ev

خانه

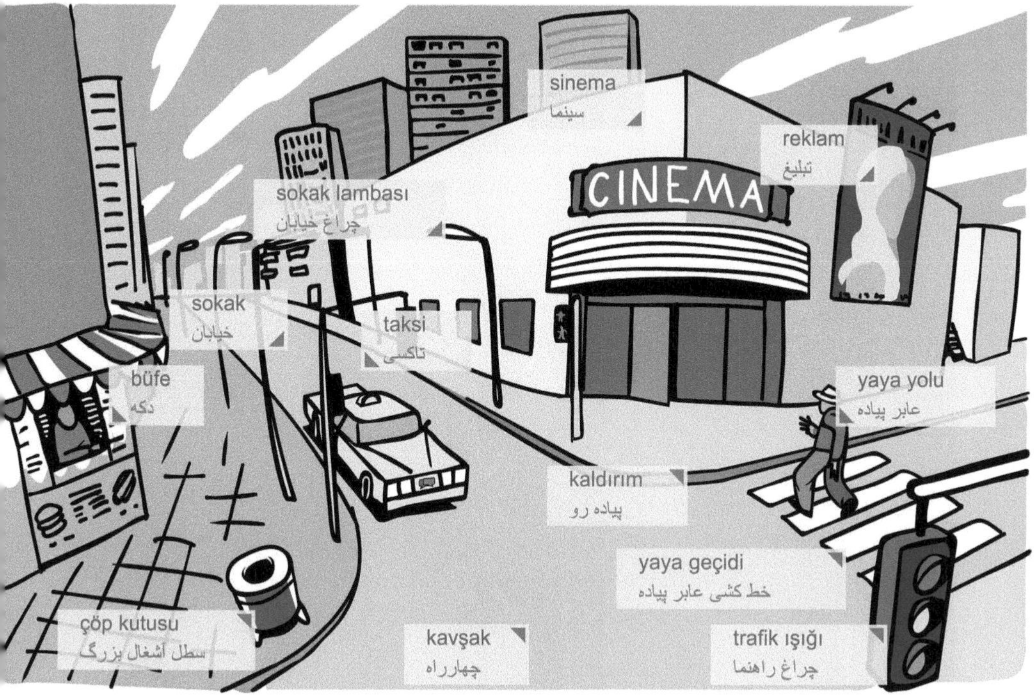

sinema
سینما

reklam
تبلیغ

sokak lambası
چراغ خیابان

sokak
خیابان

taksi
تاکسی

büfe
دکه

yaya yolu
عابر پیاده

kaldırım
پیاده رو

yaya geçidi
خط کشی عابر پیاده

çöp kutusu
سطل آشغال بزرگ

kavşak
چهارراه

trafik ışığı
چراغ راهنما

kulübe

کلبه

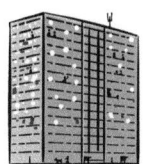

apartman dairesi

آپارتمان

tren istasyonu

ایستگاه قطار

belediye binası

ساختمان شهرداری

müze

موزه

okul

مدرسه

şehir - شهر    11

üniversite

دانشگاه

banka

بانک

hastane

بیمارستان

otel

هتل

eczane

داروخانه

ofis

اداره

kitapçı

کتابفروشی

mağaza

مغازه

çiçekçi

گل فروشی

süpermarket

سوپرمارکت

market

بازار

büyük mağaza

فروشگاه بزرگ

balık satıcısı

ماهی فروش

alışveriş merkezi

مرکز خرید

liman

بندر

park

پارک

bank

نیمکت

köprü

پل

merdiven

پله

metro

مترو

tünel

تونل

otobüs durağı

ایستگاه اتوبوس

bar

میخانه

restoran

رستوران

posta kutusu

صندوق پست

sokak tabelası

تابلوی خیابان

otopark sayacı

دستگاه پارکومتر

hayvanat bahçesi

باغ وحش

yüzme havuzu

استخر شنای عمومی

cami

مسجد

çiftlik

.............

مزرعه

kirlilik

.............

آلودگی محیط زیست

mezarlık

.............

قبرستان

kilise

.............

کلیسا

oyun alanı

.............

زمین بازی

tapınak

.............

معبد

## arazi

چشم انداز

yaprak

برگ

yön tabelası

تابلوی راهنمای مسیر

yol

راه

çayır

چمنزار

taş

سنگ

ağaç

درخت

yürüyüşçü

راه نورد

ırmak

رودخانه

çimen

چمن

çiçek

گل

vadi

دره

tepe

تپه

göl

دریاچه

orman

جنگل

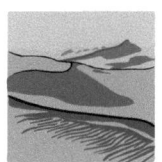

çöl

بیابان

volkan

کوه آتشفشان

kale

قلعه

gökkuşağı

رنگین کمان

mantar

قارچ

palmiye

درخت نخل

sivrisinek

پشه

sinek

مگس

karınca

مورچه

arı

زنبور

örümcek

عنکبوت

**böcek**

سوسک

**kurbağa**

قورباغه

**sincap**

سنجاب

**kirpi**

جوجه تیغی

**yabani tavşan**

خرگوش صحرایی

**baykuş**

جغد

**kuş**

پرنده

**kuğu**

قو

**yaban domuzu**

گراز

**geyik**

گوزن نر

**geyik**

گوزن شمالی

**baraj**

سد آب

**rüzgar türbini**

توربین بادی

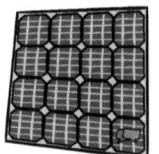

**güneş paneli**

صفحه ی خورشیدی

**iklim**

آب و هوا

# restoran
## رستوران

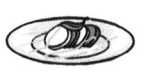

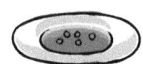

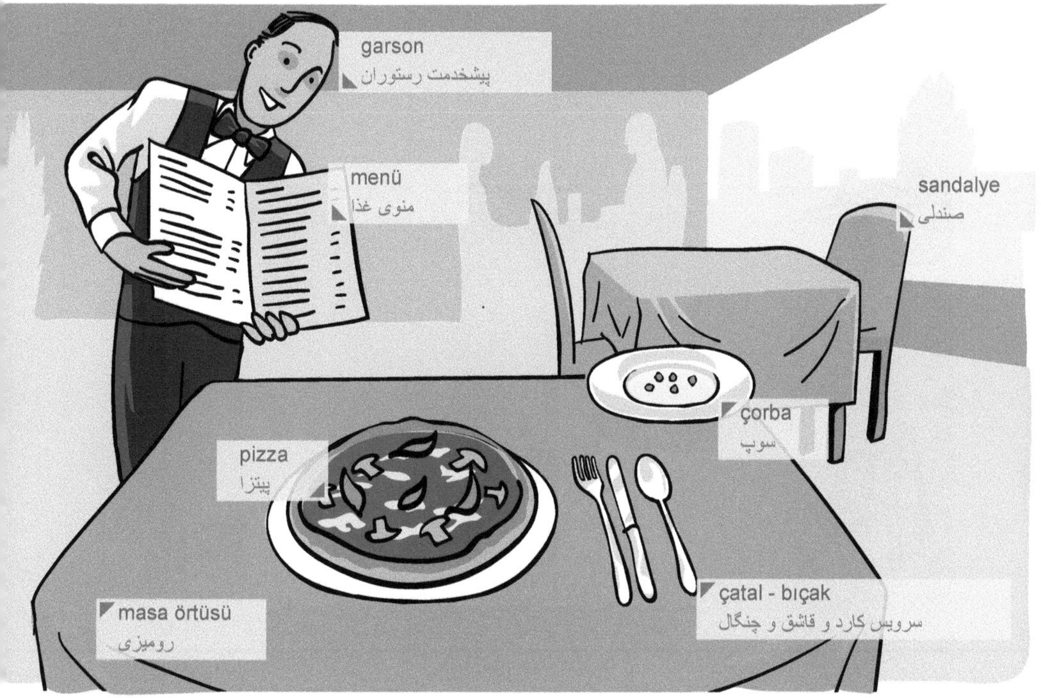

garson
پیشخدمت رستوران
menü
منوی غذا
sandalye
صندلی
çorba
سوپ
pizza
پیتزا
çatal - bıçak
سرویس کارد و قاشق و چنگال
masa örtüsü
رومیزی


başlangıç
پیش‌غذا

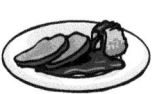

ana yemek
غذای اصلی

tatlı
دسر

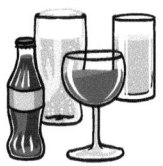

içecekler
نوشیدنی ها

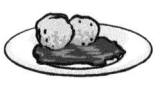

yemek
غذا

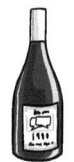

şişe
بطری

fastfood

فست فود

sokak yemeği

اغذیه خیابانی

çaydanlık

قوری

şekerlik

قندان

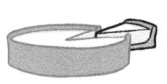

porsiyon

پُرس غذا

espresso makinesi

دستگاه اسپرسو

mama sandalyesi

صندلی پایه بلند غذاخوری بچه

fatura

صورتحساب

tepsi

سینی

bıçak

چاقو

çatal

چنگال

kaşık

قاشق

çay kaşığı

قاشق چایخوری

servis peçetesi

دستمال سفره

bardak

لیوان

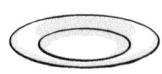

**tabak**

بشقاب

**çorba kasesi**

بشقاب سوپخوری

**fincan altlığı**

نعلبكی

**sos**

سس

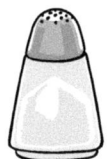

**tuzluk**

نمكدان

**karabiber değirmeni**

فلفل ساب

**sirke**

سركه

**yağ**

روغن خوراكی

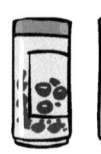

**baharat**

ادویه جات

**ketçap**

سس كچاپ

**hardal**

سس خردل

**mayonez**

سس مايونز

# süpermarket

## سوپرمارکت

özel teklif
پیشنهاد ویژه
FOR
müşteri
مشتری
süt ürünleri
لبنیات
meyve
میوه جات
alışveriş arabası
چرخ دستی خرید

kasap

قصابی

fırın

نانوایی

tartmak

وزن کردن

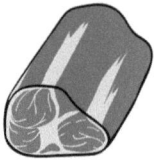

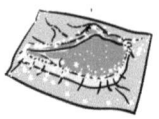

sebze

سبزیجات

et

گوشت

donmuş gıda

غذای منجمد

**söğüş et**

مخلوطی از انواع کالباس یا پنیر که ورقه ای بریده شده باشند

**konserve yiyecek**

غذای کنسروی

**toz deterjan**

پودر لباسشویی

**şekerlemeler**

شیرینی جات

**ev temizlik ürünleri**

لوازم خانگی

**temizlik ürünleri**

ماده شوینده و پاک کننده

**satış görevlisi**

فروشنده

**yazar kasa**

صندوق پرداخت

**kasiyer**

صندوقدار

**alışveriş listesi**

لیست خرید

**açılış saatleri**

ساعات کار

**cüzdan**

کیف پول

**kredi kartı**

کارت اعتباری

**çanta**

کیف

**plastik poşet**

کیسه ی پلاستیکی

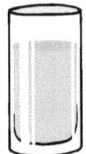

# içecekler
## نوشیدنی ها

su

آب

meyve suyu

آبمیوه

süt

شیر

kola

نوشابه کوکاکولا

şarap

شراب

bira

آبجو

alkol

الکل

kakao

کاکائو

çay

چای

kahve

قهوه

espresso

قهوه اسپرسو

kapuçino

کاپوچینو

muz

موز

elma

سيب

portakal

پرتقال

kavun

انواع هندوانه و خربزه

limon

ليمو

havuç

هويج

sarımsak

سير

bambu

نى بامبو

soğan

پياز

mantar

قارچ

çerez

آجيل

makarna

ماكارونى

spagetti

اسپاگتی

pirinç

برنج

salata

سالاد

cips

سیب زمینی سرخ کرده

patates kızartması

سیب زمینی سرخ شده

pizza

پیتزا

hamburger

همبرگر

sandviç

ساندویچ

şinitzel

شنیتسل

pastırma

ژامبون خوک

salam

سالامی

sosis

سوسیس

tavuk

مرغ

rosto

نوعی گوشت سرخ شده

balık

ماهی

yemek - غذا

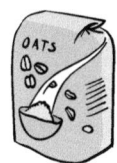

**yulaf ezmesi**

جوی پرک شده

**müsli**

نوعی صبحانه مخلوطی از برگه ذرت و
میوه های خشک شده و خشکبار که
معمولا با شیر خورده می شود

**mısır gevreği**

کورنفلکس

**un**

آرد

**kruvasan**

کرواسان

**küçük ekmek**

نان بروتشن

**ekmek**

نان

**tost**

نان تست

**bisküvi**

بیسکویت

**tereyağı**

گره

**kaymak**

کشک

**kek**

کیک

**yumurta**

تخم مرغ

**sahanda yumurta**

تخم مرغ نیمرو

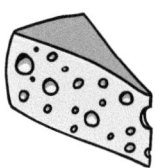

**peynir**

پنیر

dondurma

بستنی

şeker

شکر

bal

عسل

reçel

مربا

fındık ezmesi

کرم شکلاتی بادامی

köri

ادویه کاری

# çiftlik
# مزرعه

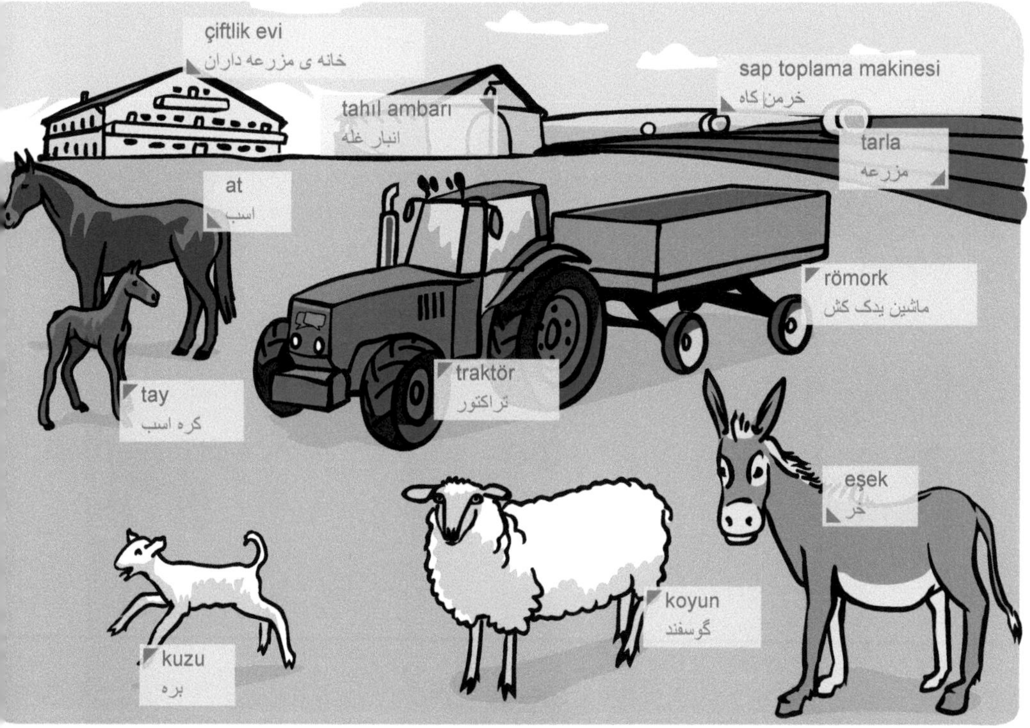

çiftlik evi
خانه ی مزرعه داران
tahıl ambarı
انبار غله
sap toplama makinesi
خرمن گاه
tarla
مزرعه
at
اسب
römork
ماشین یدک کش
traktör
تراکتور
tay
کره اسب
eşek
خر
koyun
گوسفند
kuzu
بره


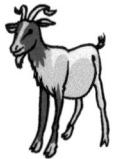

keçi

بز

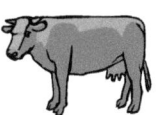

inek

گاو ماده

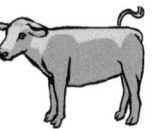

buzağı

گوساله

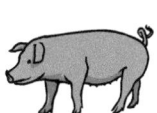

domuz

خوک

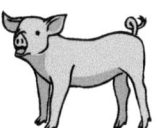

domuz yavrusu

بچه خوک

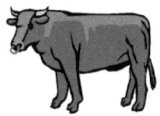

boğa

گاو نر

kaz

غاز

ördek

اردک

civciv

جوجه

tavuk

مرغ

horoz

خروس

sıçan

موش صحرایی

kedi

گربه

fare

موش

öküz

گاو نر اخته

köpek

سگ

köpek kulübesi

لانه ی سگ

bahçe hortumu

شلنگ باغبانی

sulama kabı

آبپاش

tırpan

داس دسته بلند

pulluk

گاوآهن

orak

داس

çapa

کج بیل

dirgen

چنگک باغبانی

balta

تبر

el arabası

فرقون

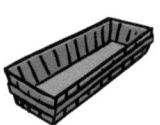

yemlik

آبشخور

süt kovası

بطری نگهداری شیر

çuval

کیسه

çit

حصار

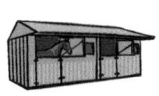

ahır

اصطبل

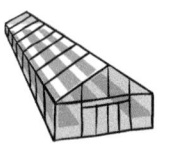

sera

گلخانه

toprak

خاک

tohum

بذر

gübre

کود

biçerdöver

ماشین کمباین

**hasat etmek**

برداشت کردن محصول

**harman**

محصول

**tatlı patates**

تمیس

**buğday**

گندم

**soya**

سویا

**patates**

سیب زمینی

**mısır**

ذرت

**kolza**

کلزا

**meyve ağacı**

درخت میوه

**manyok**

گیاه مانیوک

**hububat**

غلات

baca
دودکش
çatı
پشت بام
yağmur oluğu
ناودان
pencere
پنجره
garaj
گاراژ
kapı zili
زنگ در
kapı
در
çöp kutusu
سطل آشغال
posta kutusu
صندوق مراسلات
bahçe
باغ

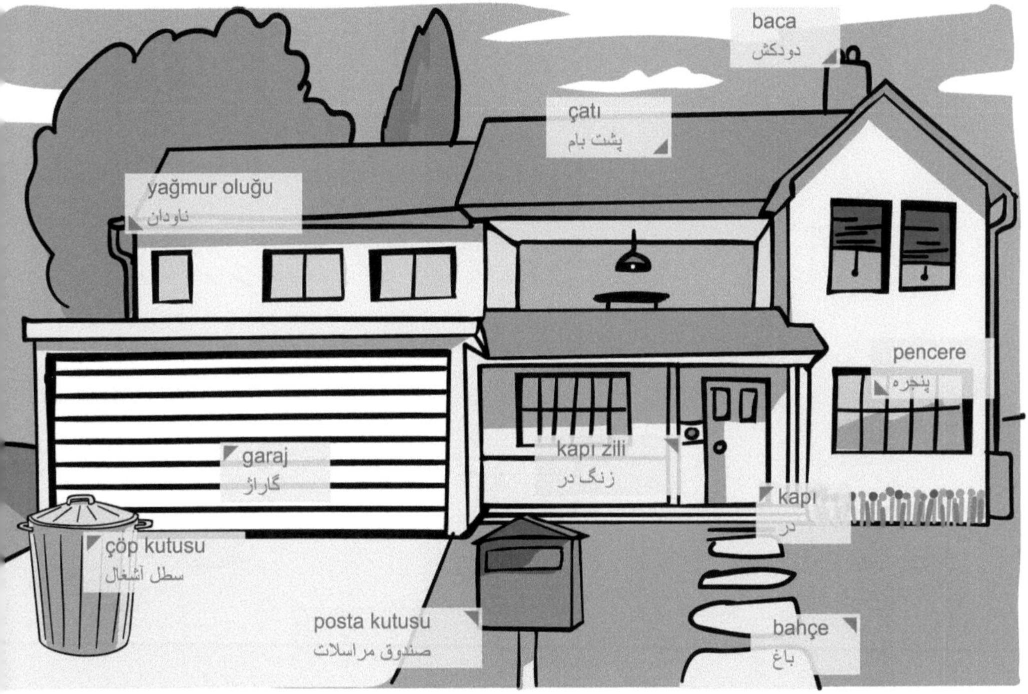

oturma odası
اتاق نشیمن

banyo
حمام

mutfak
آشپزخانه

yatak odası
اتاق خواب

çocuk odası
اتاق بچه

yemek odası
ناهارخوری

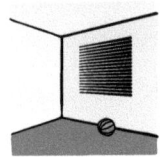

zemin

کف زمین

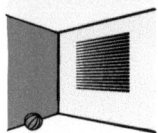

duvar

دیوار

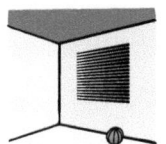

tavan

سقف

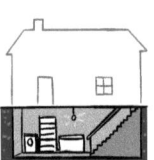

kiler

زیرزمین

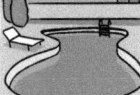

sauna

سونا

balkon

بالکن

teras

تراس

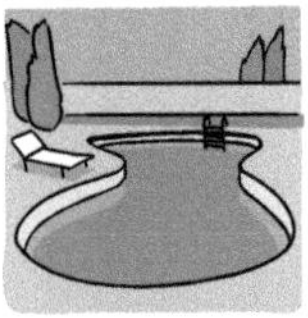

havuz

استخر

çim biçme makinesi

ماشین چمنزنی

çarşaf

ملافه

yatak örtüsü

روتختی

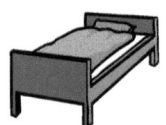

yatak

تخت خواب

süpürge

جارو

kova

سطل

anahtar

سویچ یا کلید

# oturma odası

## اتاق نشیمن

duvar kağıdı
کاغذ دیواری
resim
عکس
lamba
لامپ
raf
قفسه
dolap
کابینت
televizyon
تلویزیون
şömine
شومینه
çiçek
گل
minder
کوسن
kanepe
کاناپه
vazo
گلدان
uzaktan kumanda
کنترل تلویزیون و ویدئو و غیره

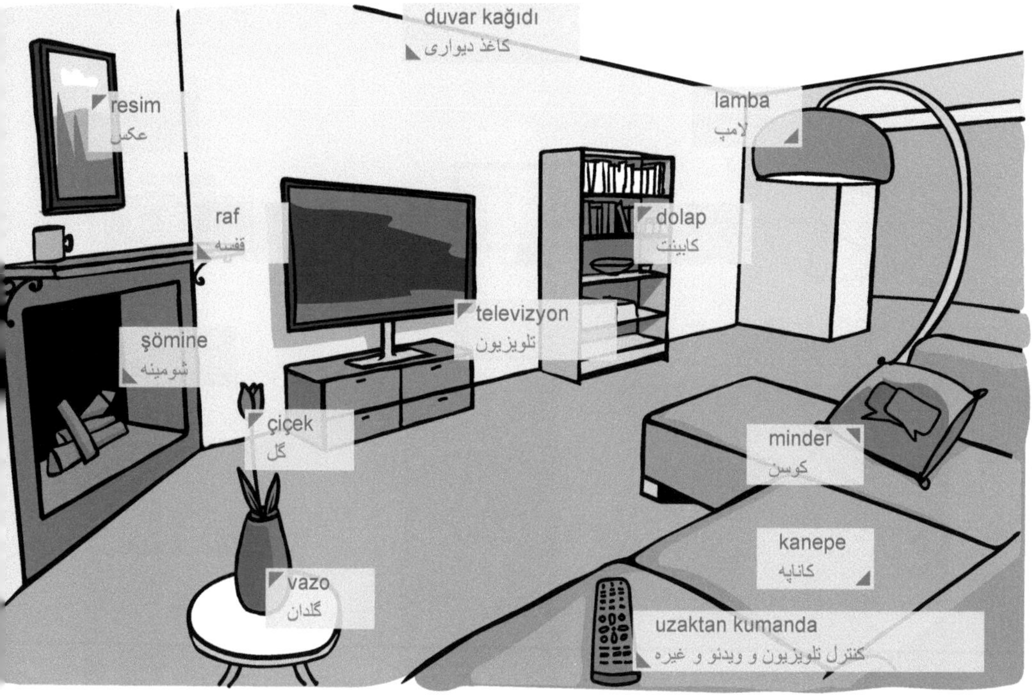

halı

فرش

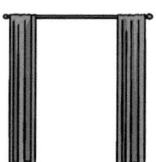

perde

پرده

masa

میز

sandalye

صندلی

salıncaklı koltuk

صندلی گهواره ایی

koltuk

صندلی راحتی

kitap

كتاب

battaniye

لحاف

dekor

دكوراسيون

odun

هيزم

film

فيلم

hi-fi

دستگاه ضبط صوت

anahtar

كليد

gazete

روزنامه

tablo

تابلو نقاشی

poster

پوستر

radyo

رادیو

defter

دفترچه یادداشت

elektrikli süpürge

جاروبرقی

kaktüs

كاكتوس

mum

شمع

# mutfak
# آشپزخانه

buzdolabı
یخچال
mikrodalga fırın
ماکروویو
tost makinesi
تُستر
deterjan
ماده شوینده و پاک کننده
fırın
فر خوراک پزی
buzluk
جایخی
çöp kutusu
سطل آشغال
bulaşık makinesi
ماشین ظرفشویی

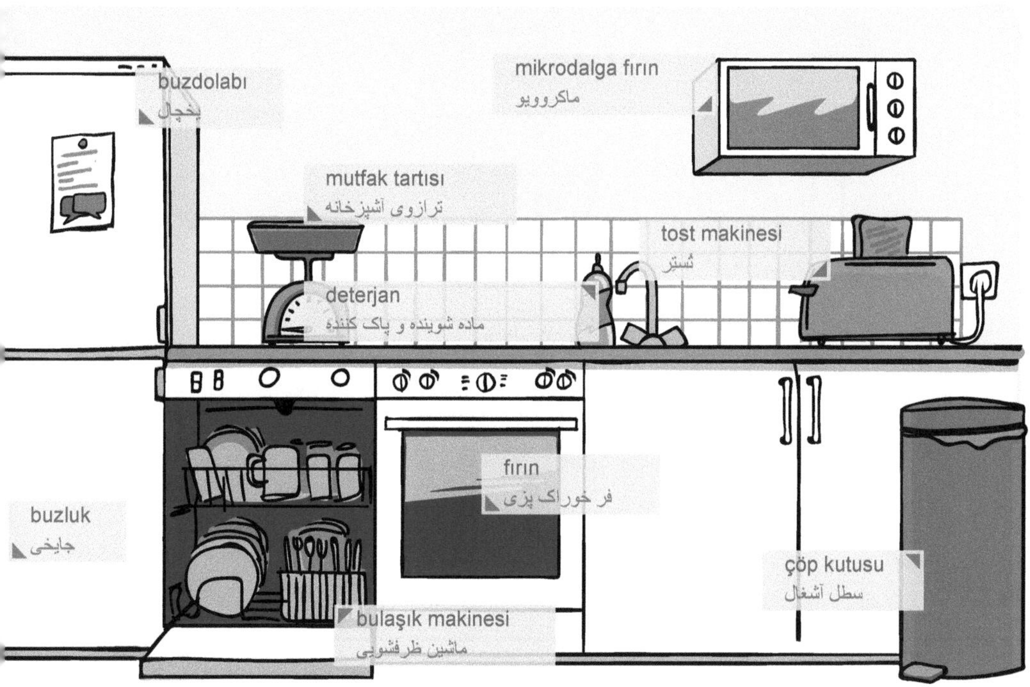

ocak

اجاق گاز

tencere

قابلمه

döküm tencere

قابلمه چدنی

wok

ماهی تابه گود

tava

ماهی تابه

su ısıtıcı

کتری

buharlı pişirici

بخارپز

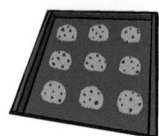

pişirme tepsisi

سینی فر

tabak takımı

ظرف چینی آشپزخانه

kupa

لیوان

kase

کاسه

çubuk (çin yemeği)

چاپستیک

kepçe

ملاقه

spatula

کفگیر

çırpma teli

همزن

süzgeç

آبکش

elek

آبکش

rende

رنده

havan

هاون

barbekü

باربیکیو

açık ateş

محل مخصوص افروختن آتش

**kesme tahtası**

تخته گوشت و سبزی

**merdane**

وردنه

**tirbüşon**

در بطری بازکن

**konserve kutusu**

قوطی

**konserve açacağı**

در قوطی بازکن

**fırın eldiveni**

دستگیره پارچه ای

**evye**

سینک ظرفشویی

**fırça**

برس گردگیری

**sünger**

اسفنج

**blender**

مخلوط کن

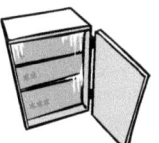

**derin dondurucu**

فریزر

**biberon**

شیشه شیر بچه

**musluk**

شیر آب

# banyo

# حمام

ısıtma
بخاری
havlu
حوله
duş
دوش
duş perdesi
پرده ی حمام
köpük banyosu
حمام کف
küvet
وان حمام
bardak
لیوان
çamaşır makinesi
ماشین لباسشویی
musluk
شیر آب
fayans
کاشی
lazımlık
لگن دستشویی کودکان
evye
سینک ظرفشویی

tuvalet

توالت

alaturka tuvalet

توالت ایرانی

bide

کاسه توالت

pisuvar

توالت مخصوص آقایان

tuvalet kağıdı

دستمال توالت

tuvalet fırçası

فرچه توالت

38 banyo - حمام

**diş fırçası**

مسواک

**diş macunu**

خمیردندان

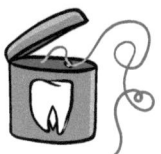

**diş ipi**

نخ دندان

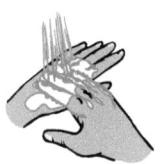

**yıkamak**

شستن

**duş başlığı**

دوش آب تلفنی

**duş başlığı şeklinde taharet musluğu**

شلنگ توالت

**küvet**

لگن روشویی

**banyo fırçası**

برس شست و شوی پشت

**sabun**

صابون

**duş jeli**

شامپو بدن

**şampuan**

شامپو

**banyo lifi**

لیف حمام

**gider**

راه آب

**krem**

کرم

**deodorant**

اسپری دئودورانت

ayna

آیینه

el aynası

آیینه ی کوچک دستی

jilet

تیغ ریش تراشی

tıraş köpüğü

کف ریش تراشی

tıraş losyonu

آفترشیو

tarak

شانه ی سر

fırça

برس

saç kurutma makinesi

سشوار

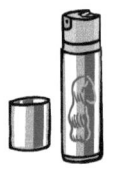

saç spreyi

اسپری مو

makyaj

آرایش

ruj

رژلب

tırnak cilası

لاک ناخن

pamuk

پنبه

tırnak makası

قیچی ناخن

parfüm

عطر

**makyaj çantası**

کیف لوازم آرایشی و بهداشتی

**tabure**

چهارپایه

**tartı**

ترازو

**bornoz**

حوله ی پالتویی

**lastik eldiven**

دستکش ظرفشویی

**tampon**

تامپون

**kadın pedi**

نوار بهداشتی

**kimyevi tuvalet**

توالت سیار

# çocuk odası
## اتاق بچه

çalar saat
ساعت زنگدار
peluş oyuncak
نوعی عروسک نرم به شکل حیوانات
oyuncak araba
ماشین اسباب بازی
çıngırak
bebek evi
خانه ی عروسکی
hediye
کادو

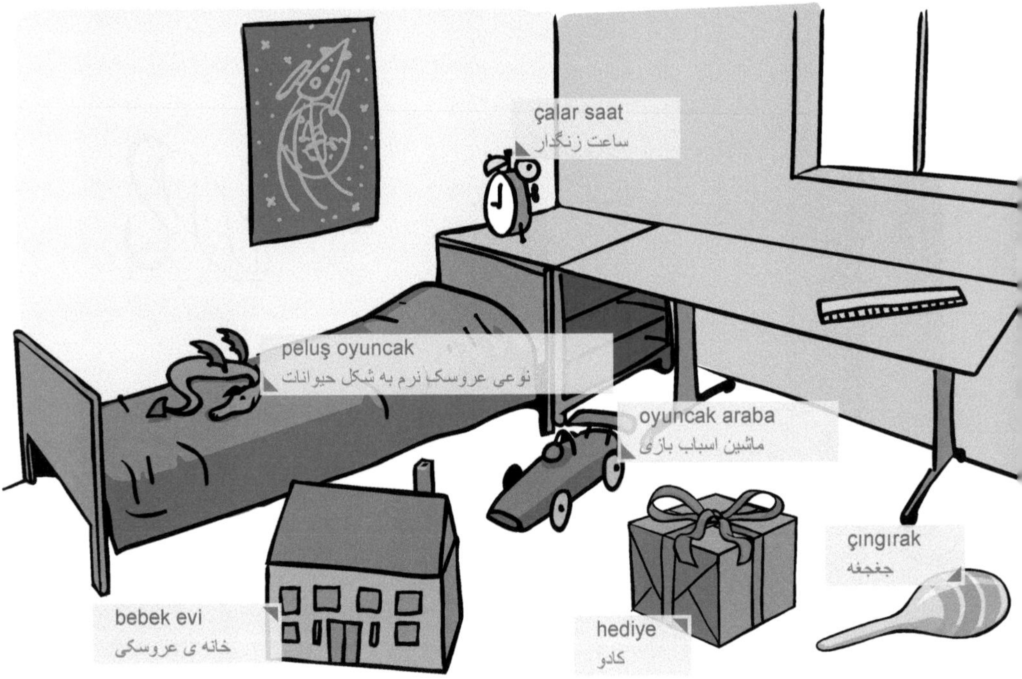

balon

بادکنک

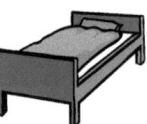

yatak

تخت خواب

bebek arabası

کالسکه بچه

kart destesi

بازی ورق

yapboz

پازل

çizgi roman

داستان مصور

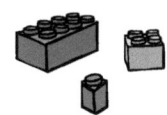

**lego tuğlaları**

اسباب بازی لگو

**lego blokları**

خانه سازی

**aksiyon figürü**

عروسک شخصیت های فیلم و کارتون

**zıbın**

لباس نوزاد

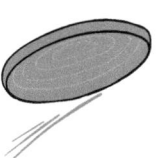

**frizbi**

فریزبی

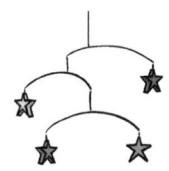

**dönence**

نوعی اسباب بازی که روی تخت نوزاد
یا کودک نصب می شود

**masa oyunu**

بازی روی صفحه

**zar**

تاس

**model tren seti**

قطار اسباب بازی

**emzik**

پستانک

**parti**

مهمانی

**resimli kitap**

کتاب مصور

**top**

توپ

**oyuncak bebek**

عروسک

**oynamak**

بازی کردن

**kum havuzu**

جعبه شنی مخصوص بازی کودکان

**salıncak**

تاب

**oyuncaklar**

اسباب بازی

**video oyun konsolu**

کنسول بازی های کامپیوتری

**üç tekerlekli bisiklet**

سه چرخه

**oyuncak ayı**

خرس عروسکی

**gardırop**

کمد لباس

## kıyafet

لباس

**çorap**

جوراب

**külotlu çorap**

جوراب زنانه ساق بلند

**tayt**

جوراب شلواری

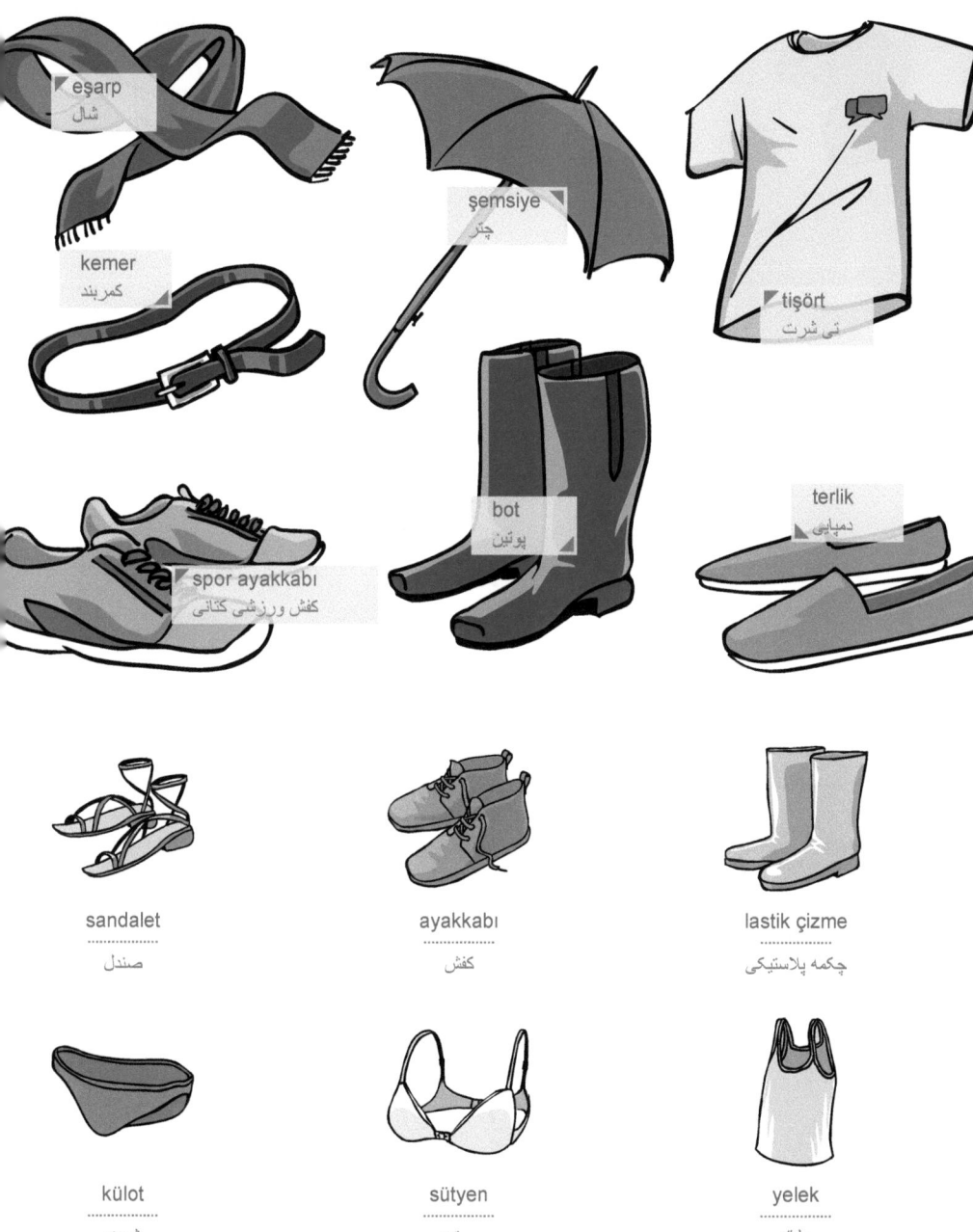

**eşarp**
شال

**kemer**
کمربند

**şemsiye**
چتر

**tişört**
تی شرت

**spor ayakkabı**
کفش ورزشی کتانی

**bot**
پوتین

**terlik**
دمپایی

sandalet

صندل

ayakkabı

کفش

lastik çizme

چکمه پلاستیکی

külot

شرت

sütyen

سوتین

yelek

جلیقه

dar bluz

بادی

pantolon

شلوار

kot pantolon

جین

etek

دامن

bluz

بلوز

gömlek

پیراهن

kazak

پولیور

süveter

سویی شرت

blazer

نوعی کت

ceket

ژاکت

mont

کت بلند

yağmurluk

بارانی

kostüm

لباس نمایش

elbise

لباس

gelinlik

لباس عروس

**takım elbise**

کت و شلوار

**gecelik**

لباس خواب زنانه

**pijama**

پیژامه

**sari**

ساری

**baş örtüsü**

روسری

**türban**

عمامه

**burka**

برقع

**kaftan**

قبا

**çarşaf**

عبا

**mayo**

لباس شنا

**erkek mayosu**

شرت شنا

**şort**

شلوارک

**eşofman**

لباس ورزشی

**önlük**

پیشبند

**eldiven**

دستکش

**kıyafet - لباس** 47

düğme

دکمه

gözlük

عینک

bilezik

دستبند

kolye

گردنبند

yüzük

انگشتر

küpe

گوشواره

kep

کلاه لبه دار

portmanto

چوب لباسی

şapka

کلاه

kravat

کراوات

fermuar

زیپ

kask

کلاه ایمنی

pantolon askısı

بند شلوار

okul forması

لباس مدرسه

üniforma

لباس فرم

mama önlüğü

پیش بند بچه

emzik

پستانک

bebek bezi

پوشک بچه

# ofis

## اداره

sunucu
سرور
dosya dolabı
کمد نگهداری پرونده
yazıcı
چاپگر
kağıt
کاغذ
monitör
مانیتور
fare
ماوس
masa
میز تحریر
klasör
زونکن
klavye
صفحه کلید
kağıt çöp kutusu
سبد کاغذ باطله
bilgisayar
کامپیوتر
sandalye
صندلی

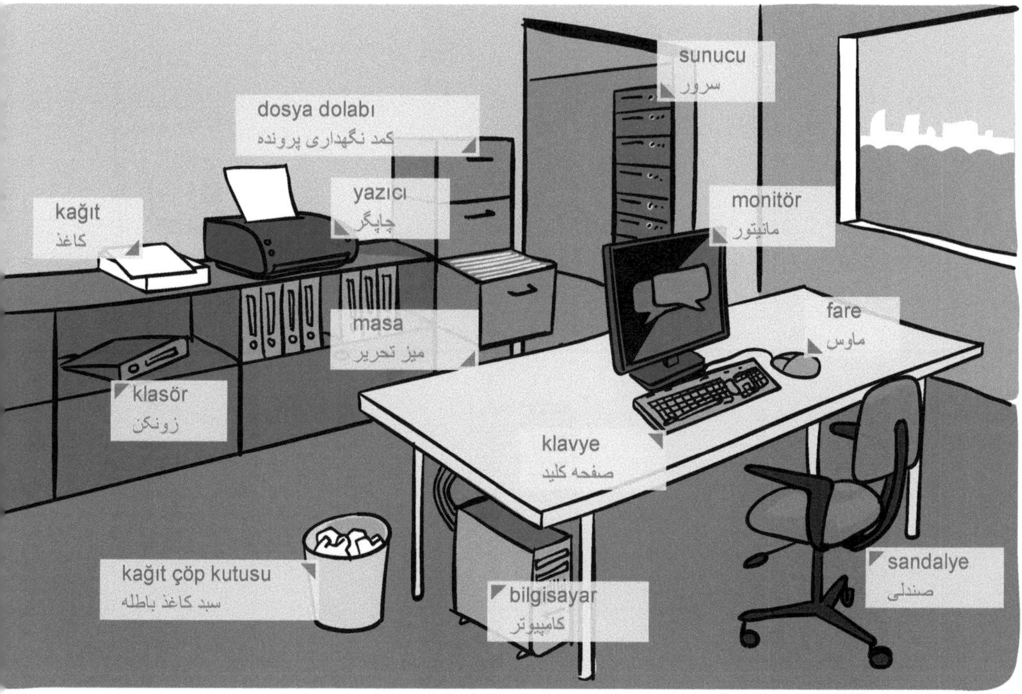

kahve fincanı

لیوان قهوه

hesap makinesi

ماشین حساب

internet

اینترنت

dizüstü

لپ تاپ

mektup

نامه

mesaj

پیغام

cep telefonu

تلفن همراه

ağ

شبکه ی ارتباطی

fotokopi makinesi

دستگاه فتوکپی

yazılım

نرم افزار

telefon

تلفن

priz

پریز

faks makinesi

دستگاه فاکس

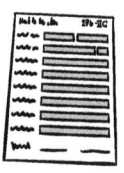

form

فرم

belge

مدرک

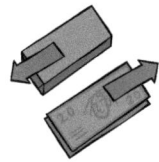

satın almak

.................

خریدن

ödemek

.................

پرداخت کردن

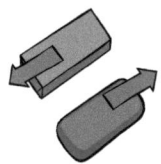

ticaret yapmak

.................

تجارت کردن

para

.................

پول

dolar

.................

دلار

avro

.................

یورو

yen

.................

ین

ruble

.................

روبل

İsviçre frangı

.................

فرانک سوئیس

Çin yuanı

.................

یوان رنمینبی

rupi

.................

روپیه

kasa

.................

دستگاه خودپرداز

döviz bürosu

صرافی

altın

طلا

gümüş

نقره

petrol

نفت

enerji

انرژی

fiyat

قیمت

kontrat

قرارداد

vergi

مالیات

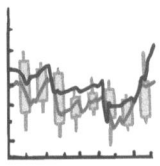

menkul değer

سهام سرمایه

çalışmak

کار کردن

işveren

کارمند

işçi

کارفرما

fabrika

کارخانه

mağaza

مغازه

polis memuru
مامور پلیس
itfaiyeci
آتش نشان
aşçı
آشپز
doktor
دکتر
pilot
خلبان

bahçıvan
باغبان

marangoz
نجار

terzi
خیاط زنانه

hakim
قاضی

kimyager
شیمیدان

aktör
بازیگر

otobüs şoförü

راننده اتوبوس

taksi şoförü

راننده تاکسی

balıkçı

ماهیگیر

temizlikçi

نظافتچی زن

çatı ustası

سقف ساز

garson

پیشخدمت رستوران

avcı

شکارچی

boyacı

نقاش

fırıncı

نانوا

elektrikçi

برقکار

inşaatçı

کارگر ساختمانی

mühendis

مهندس

kasap

قصاب

muslukçu

لوله کش

postacı

پستچی

**asker**

سرباز

**mimar**

معمار

**kasiyer**

صندوقدار

**çiçekçi**

گل فروش

**kuaför**

آرایشگر

**kondüktör**

مامور کنترل بلیط در قطار

**tamirci**

مکانیک

**kaptan**

ناخدا

**dişçi**

دندانپزشک

**bilim insanı**

دانشمند

**haham**

عالم یهودی

**imam**

امام

**keşiş**

راهب

**rahip**

کشیش

# aletler
## ابزارآلات

penseler
انبردست
çekiç
چکش
tornavida
پیچ گوشتی
el feneri
چراغ قوه
İngiliz anahtarı
آچار

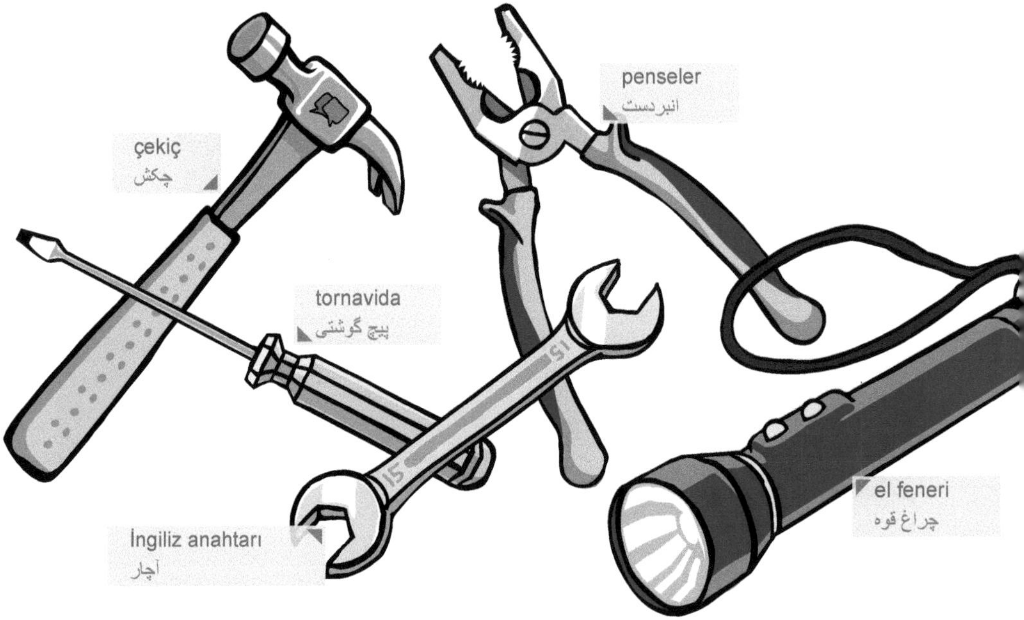

kazı makinesi

بیل مکانیکی

alet çantası

جعبه ابزار

merdiven

نردبان

testere

ارّه

çiviler

میخ

matkap

مته

tamir etmek

تعمیر کردن

kürek

بیل

Kahretsin!

لعنتی!

faraş

خاک انداز

boya tenekesi

سطل رنگرزی

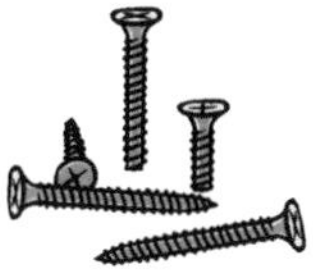

vidalar

پیچ

## müzik enstrümanı

### آلات موسیقی

hoparlör
بلندگو

bateri seti
درامز

gitar
گیتار

kontrbas
کنترباس

trompet
ترومپت

piyano

پیانو

keman

ویولن

basgitar

گیتار بیس

timpani

تیمپانی

bateri

طبل

klavye

کیبورد الکتریک

saksafon

ساکسیفون

flüt

فلوت

mikrofon

میکروفون

# hayvanat bahçesi

# باغ وحش

giriş
ورودی
kaplan
ببر
kafes
قفس
zebra
گورخر
hayvan yemi
خوراک حیوانات
panda
خرس پاندا

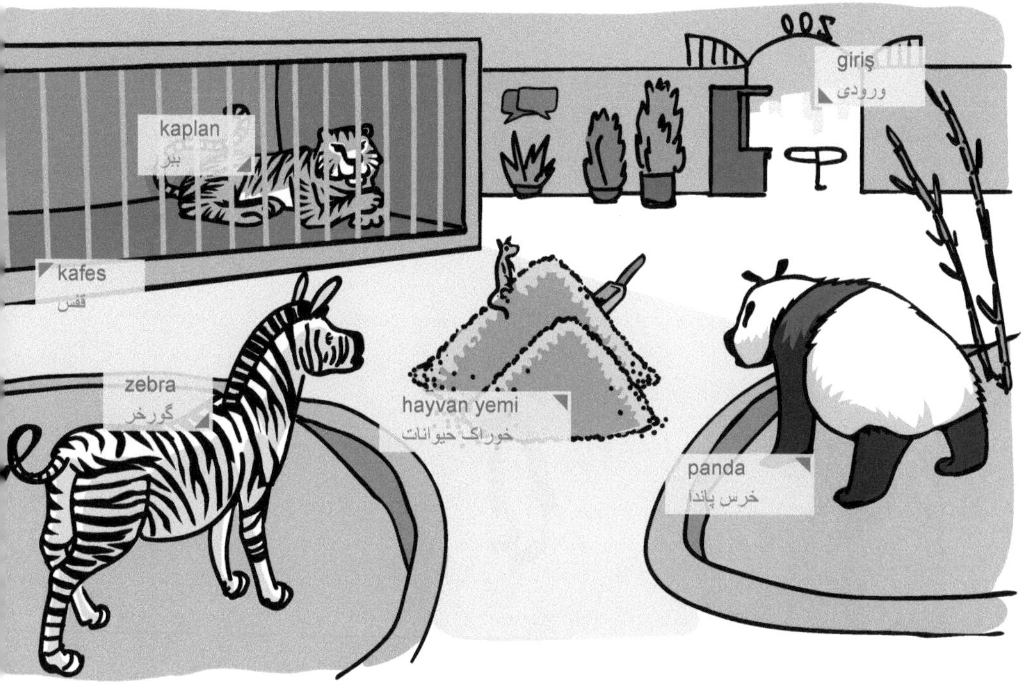

hayvanlar

حیوانات

fil

فیل

kanguru

کانگورو

gergedan

کرگدن

goril

گوریل

ayı

خرس

deve

شتر

deve kuşu

شترمرغ

aslan

شیر

maymun

میمون

flamingo

فلامینگو

papağan

طوطی

kutup ayısı

خرس قطبی

penguen

پنگوئن

köpek balığı

کوسه

tavus kuşu

طاووس

yılan

مار

timooh

تمساح

hayvanat bahçesi görevlisi

نگهبان باغ وحش

fok

خوک آبی

jaguar

پلنگ امریکایی

midilli atı

اسب کوچک

leopar

پلنگ

su aygırı

اسب آبی

zürafa

زرافه

kartal

عقاب

yaban domuzu

گراز

balık

ماهی

kaplumbağa

لاک پشت

mors

شیرماهی

tilki

روباه

ceylan

غزال

# sporlar
## ورزش ها

amerikan futbolu
فوتبال آمریکایی
bisiklete binme
دوچرخه سواری
tenis
تنیس
basketbol
بسکتبال
yüzme
شنا
boks
بوکس
buz hokeyi
هاکی روی یخ

futbol

فوتبال

badminton

بدمینتون

atletizm

دوومیدانی

hentbol

هندبال

kayak

اسکی

polo

پولو

# etkinlikler
## فعاليت ها

gülmek
خندیدن
atlamak
پریدن
sarılmak
بغل کردن
yürümek
راه رفتن
söylemek
آواز خواندن
hayal etmek
رؤیا دیدن
dua etmek
دعا کردن
öpmek
بوسیدن


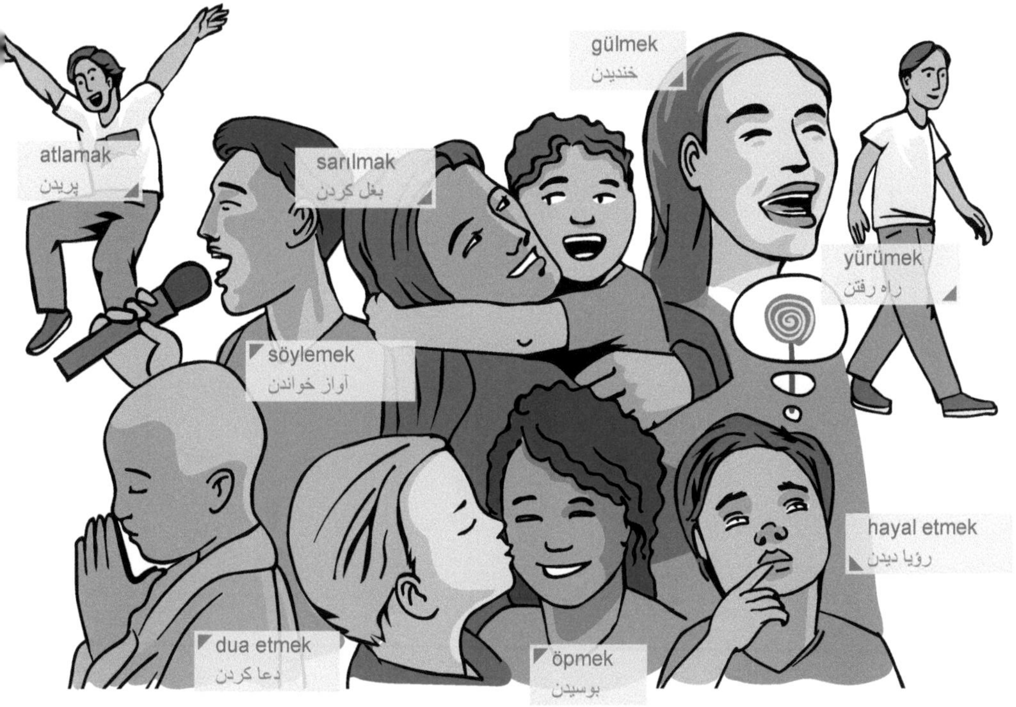

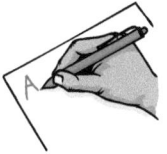

yazmak

نوشتن

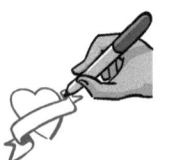

çizmek

رسم کردن

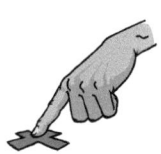

göstermek

نشان دادن

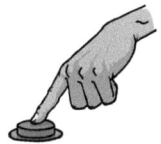

itmek

هل دادن

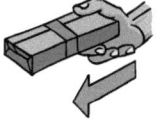

vermek

دادن

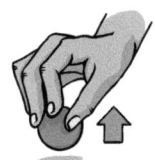

almak

برداشتن

sahip olmak

داشتن

yapmak

انجام دادن

olmak

بودن

ayakta durmak

ایستادن

koşmak

دویدن

çekmek

کشیدن

atmak

پرتاب کردن

düşmek

افتادن

yalan söylemek

دراز کشیدن

beklemek

منتظر بودن

taşımak

حمل کردن

oturmak

نشستن

giyinmek

لباس پوشیدن

uyumak

خوابیدن

uyanmak

بیدار شدن

etkinlikler - فعالیت ها

bakmak

تماشا کردن

ağlamak

گریه کردن

vurmak

نوازش کردن

taramak

شانه کردن

konuşmak

حرف زدن

anlamak

فهمیدن

sormak

پرسیدن

dinlemek

شنیدن

içmek

آشامیدن

yemek

خوردن

düzenlemek

مرتب کردن

sevmek

عاشق بودن

pişirmek

پختن

sürmek

رانندگی کردن

uçmak

پرواز کردن

**denize açılmak**

قایقرانی کردن

**hesapla**

محاسبه کردن

**okumak**

خواندن

**öğrenmek**

یاد گرفتن

**çalışmak**

کار کردن

**evlenmek**

ازدواج کردن

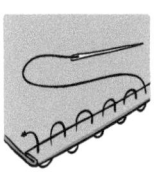

**dikmek**

دوختن

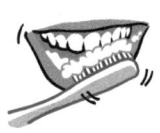

**diş fırçalamak**

مسواک زدن

**öldürmek**

کشتن

**sigara içmek**

سیگار کشیدن

**yollamak**

فرستادن

büyükanne
مادربزرگ

büyükbaba
پدربزرگ

baba
پدر

anne
مادر

bebek
کودک

kız
فرزند دختر

oğul
فرزند پسر

misafir

مهمان

teyze

خاله، عمه

amca

دایی، عمو

erkek kardeş

برادر

kız kardeş

خواهر

# vücut

## بدن

alın
پیشانی
göz
چشم
yüz
صورت
çene
چانه
parmak
انگشت دست
el
دست
omuz
شانه
bacak
ساق پا
göğüs
سینه
kol
بازو

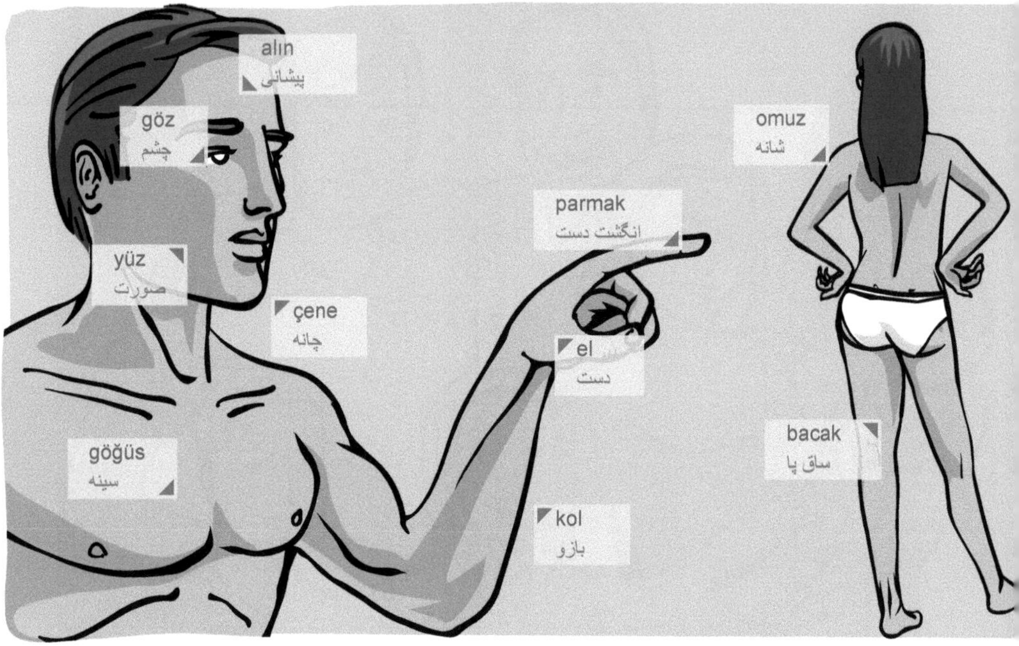

bebek

کودک

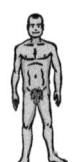

adam

مرد

kadın

زن

kız

دختربچه

erkek çocuk

پسربچه

baş

کله

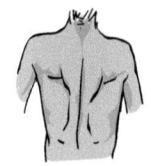

sırt

كمر

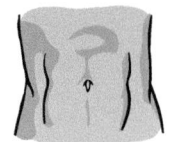

karın

شكم

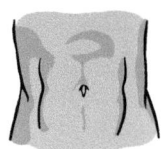

göbek

ناف

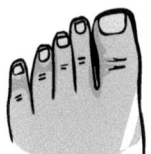

ayak parmağı

انگشت پا

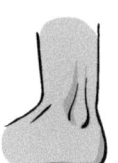

topuk

پاشنه

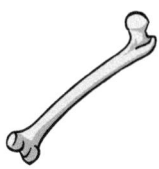

kemik

استخوان

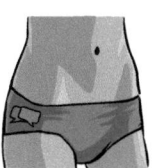

kalça

لگن

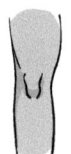

diz

زانو

dirsek

آرنج

burun

بینی

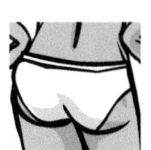

kalça

نشیمنگاه

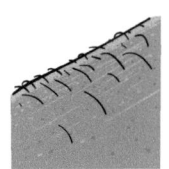

deri

پوست

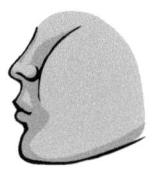

yanak

گونه

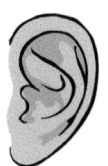

kulak

گوش

dudak

لب

ağız

دهان

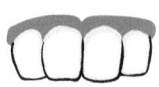

diş

دندان

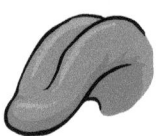

dil

زبان

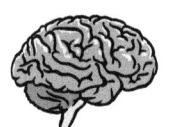

beyin

مغز

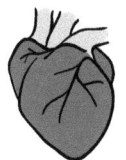

kalp

قلب

kas

عضله

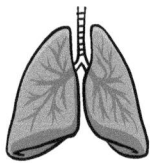

akciğer

ریه

karaciğer

کبد

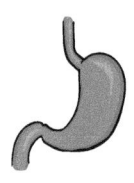

mide

معده

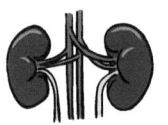

böbrekler

کلیه

seks

آمیزش جنسی

prezervatif

کاندوم

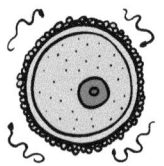

yumurtalık

تخمک

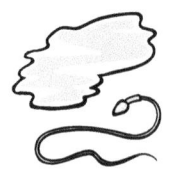

sperm

اسپرم

hamilelik

حاملگی

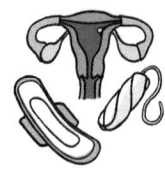

regl

پریود

vajina

واژن

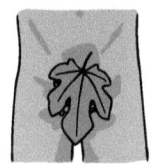

penis

آلت تناسلی مرد

kaş

ابرو

saç

مو

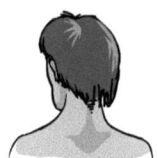

boyun

گردن

# hastane

# بیمارستان

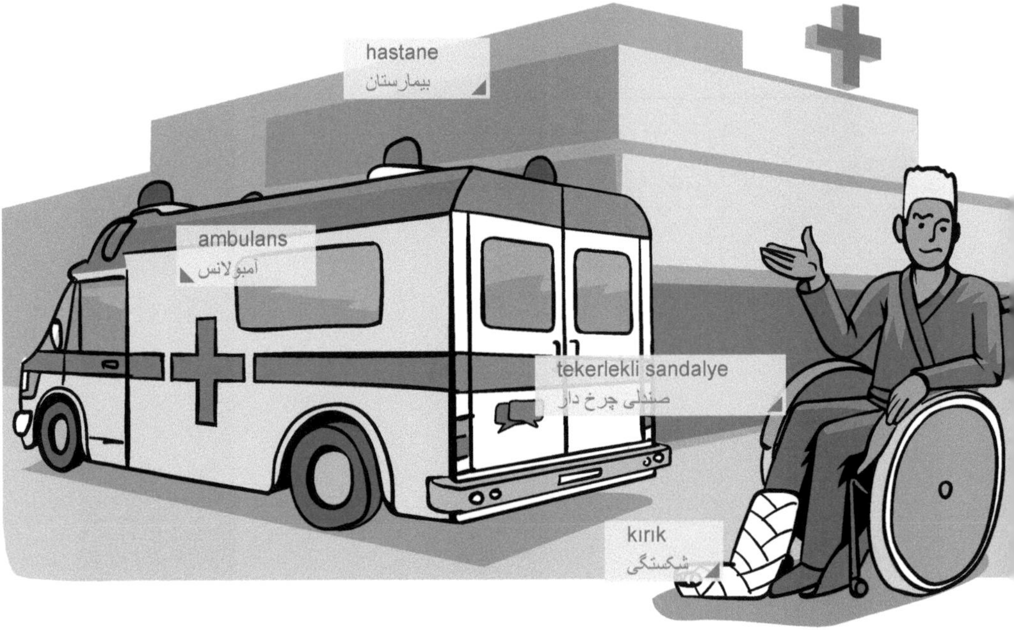

hastane
بیمارستان
ambulans
آمبولانس
tekerlekli sandalye
صندلی چرخ دار
kırık
شکستگی

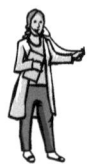

doktor

دکتر

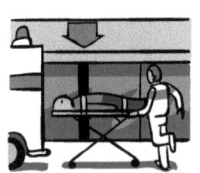

acil servis

بخش اورژانس

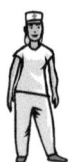

hemşire

پرستار

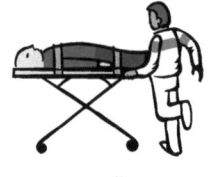

acil

موقعیت اضطراری

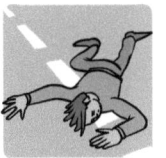

baygın

بی هوش

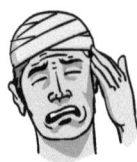

acı

درد

yaralanma

مصدومیت

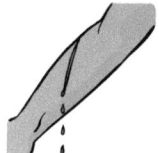

kanama

خونریزی

kalp krizi

سکته قلبی

felç

سکته مغزی

alerji

آلرژی

öksürük

سرفه

ateş

تب

grip

آنفولانزا

ishal

اسهال

baş ağrısı

سردرد

kanser

سرطان

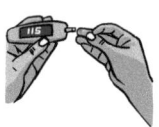

şeker hastalığı

دیابت

cerrah

جراح

neşter

چاقوی جراحی

operasyon

عمل جراحی

bilgisayarlı tomografi

سی تی اسکن

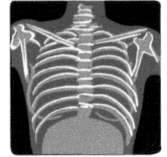

röntgen

پرتونگاری

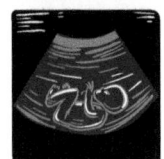

ultrason

سونوگرافی

yüz maskesi

ماسک صورت

hastalık

بیماری

bekleme odası

اتاق انتظار

koltuk değneği

چوب زیر بغل

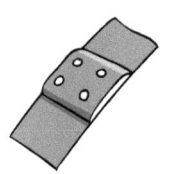

yara bandı

چسب زخم

bandaj

پانسمان

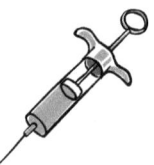

enjeksiyon

تزریق

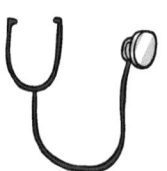

steteskop

گوشی طبی

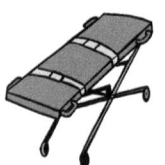

sedye

برانکار

tıbbi termometre

دماسنج

doğum

زایش

fazla kilo

اضافه وزن

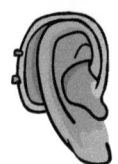

işitme cihazı

سمعک

dezenfektan

ماده ضد غفونی کننده

enfeksiyon

عفونت

virüs

ویروس

HIV / AIDS

اچ آی وی / ایدز

ilaç

دارو

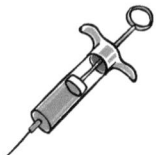

aşı

واکسیناسیون

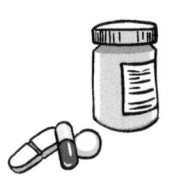

tablet

قرص

hap

قرص ضد حاملگی

acil çağrı

تماس اظطراری

tansiyon aleti

دستگاه اندازه گیری فشارخون

hasta / sağlıklı

مریض / سالم

# acil

# موقعیت اضطراری

İmdat!

کمک!

alarm

آژیر خطر

darp

حمله

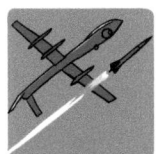

saldırı

حمله ی فیزیکی

tehlike

خطر

acil çıkış

خروج اظطراری

Yangın!

آتش

yangın tüpü

کپسول آتش‌نشانی

kaza

تصادف

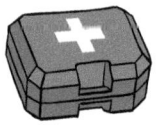

ilk yardım çantası

جعبه کمک های اولیه

imdat

درخواست کمک

polis

پلیس

Avrupa

اروپا

Kuzey Amerika

آمریکای شمالی

Güney amerika

آمریکای جنوبی

Afrika

آفریقا

Asya

آسیا

Avustralya

استرالیا

Atlantik

اقیا نوس اطلس

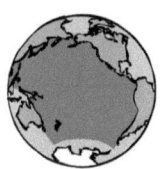

Pasifik

اقیانوس آرام

Hint Okyanusu

اقیانوس هند

Antarktika Okyanusu

اقیا نوس اطلس جنوبی

Arktik Okyanusu

اقیانوس منجمد شمالی

Kuzey Kutbu

قطب شمال

Güney Kutbu

قطب جنوب

Antarktika

قاره قطب جنوب

dünya

کره زمین

kara

سرزمین

deniz

دریا

ada

جزیره

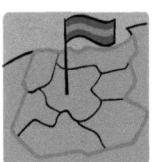

ulus

ملت

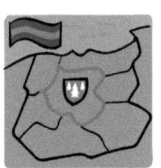

ülke

کشور

# saat
## ساعت

kadran

صفحه ی ساعت

akrep

ساعت شمار

yelkovan

دقیقه شمار

saniye ibresi

ثانیه شمار

Saat kaç?

ساعت چند است؟

gün

روز

zaman

زمان

şimdi

اکنون

dijital saat

ساعت دیجیتال

dakika

دقیقه

saat

ساعت

# hafta

## هفته

Pazartesi
دوشنبه
Salı
سه شنبه
Çarşamba
چهارشنبه
Perşembe
پنج شنبه
Cuma
جمعه
Cumartesi
شنبه
SA
Pazar
یک شنبه

dün

دیروز

bugün

امروز

yarın

فردا

sabah

صبح

öğle

ظهر

akşam

غروب

iş günleri

روزهای کاری

hafta sonu

آخر هفته

# yıl

## سال

gökkuşağı
رنگین کمان
yağmur
باران
kara
برف
rüzgar
باد
bahar
بهار
sonbahar
پاییز
yaz
تابستان
kış
زمستان

4.APRIL 11°
5.APRIL 4°
6.APRIL 13°
7.APRIL 8°
8.APRIL 10°

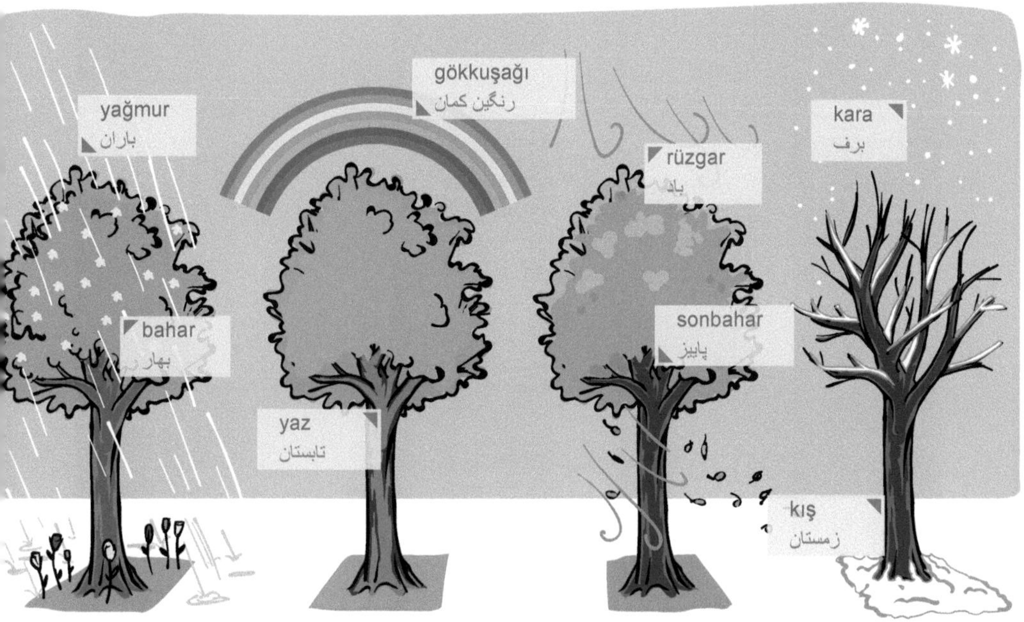

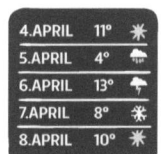

hava durumu tahmini

پیش‌بینی اوضاع جوی

F C
120 40
90 30
60 20
30 10
0 0
-30 -10
-20

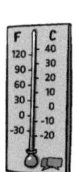

termometre

دماسنج

güneş ışığı

تابش آفتاب

bulut

ابر

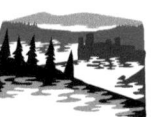

sis

مِه

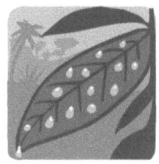

nem

رطوبت هوا

şimşek

صاعقه

gök gürültüsü

آسمان غره

fırtına

طوفان

dolu

تگرگ

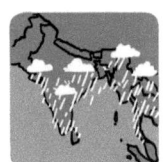

muson

باد موسمی

sel

سیل

buz

یخ

Ocak

ژانویه

Şubat

فوریه

Mart

مارس

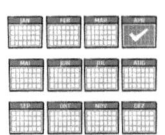

Nisan

آوریل

Mayıs

مه

Haziran

ژوئن

Temmuz

ژوئیه

Ağustos

آگوست

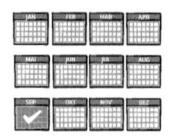

Eylül

سپتامبر

Ekim

اُکتبر

Kasım

نوامبر

Aralık

دسامبر

# şekiller

## اَشکال

daire

دایره

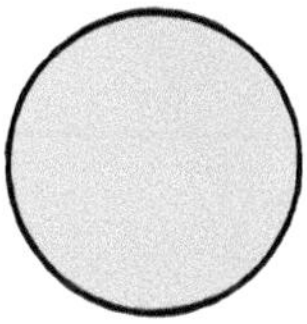

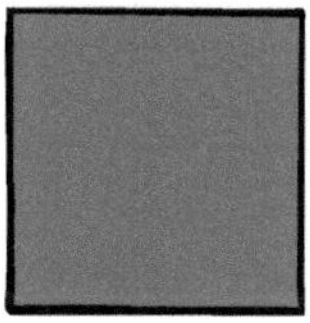

kare

مربع

dikdörtgen

مستطیل

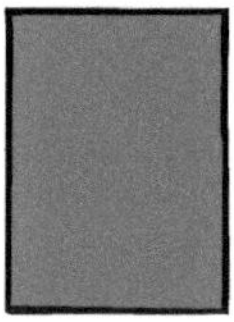

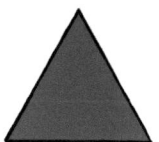

üçgen

سه گوش

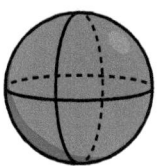

küre

کُره

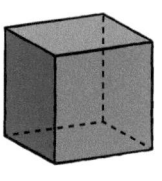

küp

مکعب مربع

# renkler

## رنگ ها

beyaz

سفید

sarı

زرد

turuncu

نارنجی

pembe

صورتی

kırmızı

قرمز

mor

بنفش

mavi

آبی

yeşil

سبز

kahverengi

قهوه ای

gri

خاکستری

siyah

سیاه

# zıt anlamlılar

# متضاد ها

çok / az

خیلی / کم

kızgın / sakin

خشمگین/ آرام

güzel / çirkin

زیبا / زشت

başlangıç / son

شروع / پایان

büyük / küçük

بزرگ / کوچک

parlak / karanlık

روشن / تیره

erkek kardeş / kız kardeş

برادر / خواهر

temiz / kirli

تمیز / آلوده

tamam / eksik

کامل / ناقص

gün / gece

روز / شب

ölü / canlı

مرده / زنده

geniş / dar

پهن / باریک

yenilebilir / yenilemez

قابل خوردن / غیر قابل خوردن

kötü / iyi

غضبناک / مهربان

heyecanlı / sıkılmış

هیجان زده / بی حوصله

şişman / zayıf

چاق / لاغر

ilk / son

اولین / آخرین

dost / düşman

دوست / دشمن

dolu / boş

پر / خالی

sert / yumuşak

سفت / نرم

ağır / hafif

سنگین / سبک

açlık / susuzluk

گرسنگی / تشنگی

hacta / sağlıklı

مریض / سالم

yasa dışı / yasal

غیرقانونی / قانونی

zeki / aptal

باهوش / خنگ

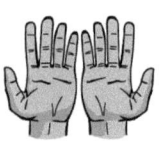

sol / sağ

چپ / راست

yakın / uzak

نزدیک / دور

yeni / kullanılmış

نو / استفاده شده

hiçbir şey / bir şey

هیچ چیز / چیزی

yaşlı / genç

پیر / جوان

açma / kapama

روشن / خاموش

açık / kapalı

باز / بسته

sessiz / gürültülü

آهسته / بلند

zengin / fakir

ثروتمند / فقیر

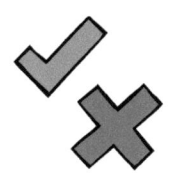

doğru / yanlış

درست / غلط

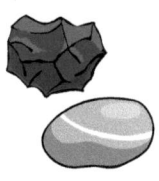

pürüzlü / düz

زبر / صاف

üzgün / mutlu

غمگین / خوشحال

kısa / uzun

کوتاه / بلند

yavaş / hızlı

کند / تند

ıslak / kuru

تر / خشک

sıcak / serin

گرم / خنک

savaş / barış

جنگ / صلح

# sayılar

## اعداد

0

sıfır

صفر

1

bir

یک

2

iki

دو

3

üç

سه

4

dört

چهار

5

beş

پنج

6

altı

شش

7

yedi

هفت

8

sekiz

هشت

9

dokuz

نه

10

on

دَه

11

on bir

یازده

## 12
on iki

دوازده

## 13
on üç

سیزده

## 14
on dört

چهارده

## 15
on beş

پانزده

## 16
on altı

شانزده

## 17
on yedi

هفده

## 18
on sekiz

هجده

## 19
on dokuz

نوزده

## 20
yirmi

بیست

## 100
yüz

صد

## 1.000
bin

هزار

## 1.000.000
milyon

میلیون

# diller

## زبان ها

İngilizce

انگلیسی

Amerikan İngilizcesi

انگلیسی آمریکایی

Çince (Mandarin)

چینی ماندارین

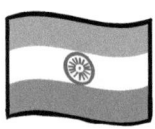

Hintçe

هندی

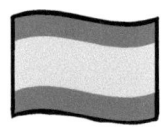

İspanyolca

اسپانیایی

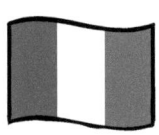

Fransızca

فرانسوی

Arapça

عربی

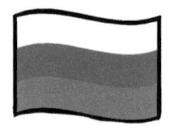

Rusça

روسی

Portekizce

پرتغالی

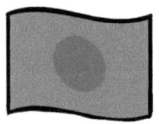

Bengalce

بنگالی

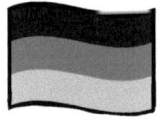

Almanca

آلمانی

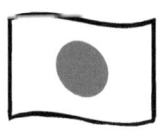

Japonca

ژاپنی

# kim / ne / nasıl

# چه کسی / چه چیزی / چگونه

ben

من

sen

تو

o

او

biz

ما

siz

شما

onlar

آنها

kim?

چه کسی؟ کی؟

ne?

چی؟

nasıl?

چگونه؟

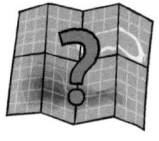

nerede?

کجا؟

ne zaman?

کی؟

isim

نام

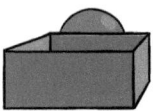

# nerede

## کجا

arkasında

پشت

içinde

توی

önünde

جلو

üzerinde

بالای

üstünde

روی

altında

زیر

yanında

مجاور

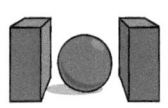

arasında

بین

yer

مکان